LA VÉNITIENNE,

COMÉDIE-BALLET,

REPRÉSENTÉE,

PAR L'ACADEMIE-ROYALE DE *MUSIQUE*,

Le Mardi 3 Mai 1768.

PRIX XXX. SOLS.

AUX DÉPENS DE L'ACADÉMIE.

A PARIS, Chés DE LORMEL, Imprimeur de ladite Académie, rue du Foin, à l'Image Sainte Genevieve.

On trouvera des Exemplaires du Poeme à la Salle de l'Opera.

M. DCC. LXVIII.

AVEC APPROBATION ET PRIVILEGE DU ROI.

Le Poeme est de la MOTTE.

La Musique est de M. DAUVERGNE, Surintendant de la Musique du ROI.

ACTEURS CHANTANTS
DANS LES CHŒURS.

CÔTÉ DU ROI.		CÔTÉ DE LA REINE.	
Mesdemoiselles.	*Messieurs.*	*Mesdemoiselles.*	*Messieurs.*
Durand.	Héri.	Hebert.	l'Écuyer.
Guillaume.	Cailteau.	d'Agée.	Albert.
Fontenet.	Candeille.	des Rosieres.	Tourcati.
du Prat.	Van-Hecke.	Jouette.	Paris.
le Bourgeois	Vatelin.	Leger.	Touvois.
Beauvais.	Vaudemont.	de l'Or.	Beghain.
Chenais.	Lagier.	d'Alincour.	le Brument.
Renard.	Rose.	Lusignan.	Capois.
Héri.	Robin.	Sophie.	Laurent, c.
St. Leger.	Antheaume.	Martin.	Boi.
	Méon.	le Maire.	Laurent, l.
	Botson.		Huet.
	Cleret.		Galli.
	Tacusset.		de Bourgneuf
			Vivier.

ACTEURS CHANTANTS.

ISABELLE,	Md^{e}. l'Arrivée.
LÉONORE,	Mlle. Beaumesnil.
OCTAVE,	M. le Gros.
ISMÉNIDE, *Devineresse*,	Mlle. du Bois.
ZERBIN, *Valet d'*OCTAVE,	M. l'Arrivée.
SPINETTE, *suivante d'*ISABELLE,	Mlle. Rosalie.

BARQUEROLLES.

DEVINS ET DEVINERESSES.

MASQUES.

TIRROLOIS.

La Scène est à VENISE.

PERSONNAGES DANSANTS.

ACTE PREMIER.

BARQUEROLLES.

M. LANI, Mlle. ALLARD.

M. DAUBERVAL, Mlle. PESLIN.

Mrs. MALTER, LE GRAND.

Mlles. MION, DERVIEUX.

Mrs. Dossion, Giguet, Liesse, du Bois, la Rue, Caster, Gambu, Ferret.

Mlles. Adélaïde, la Fond, d'Auvilliers, Villette, Hidoux, Louison, de l'Aunai, Laud'heumier.

ACTE SECOND.

DEVINS & DEVINERESSES, en DÉMONS.

M. LAVAL.

Mrs. ROGIER, LEGER, RIVIERE, GRANIER.

Mlles. GAUDOT, GRANDI, NIEL, BLONDEVAL.

Mrs. Trupti, Dossion, Lani, c., Liesse, des Preaux, Pierson.

Mlles. de Miré, Delfevre, l'Huillier, Mimi, Isoire, David, c.

ACTE TROISIEME.

MASQUES NOBLES.

M. VESTRIS, Mlle. HEINEL.
M. GARDEL, Mlle. ASSELIN.
Mrs. Leger, Riviere, Trupti, des Preaux.
Mlles. Gaudot, Grandi, Delfevre, Teſtart.

BERGERS GALANTS.

Mlle. GUIMARD.
M. FIERVILLE, Mlle. du PEREI.
Mrs. du Bois, Granier, Caſter, Aubri.
Mlles. Adélaïde, la Fond, Buart, Riviere.

TIROLLOIS.

M. LANI, Mlle. ALLARD.
M. DAUBERVAL, Mlle. PESLIN.
Mrs. Giguet, la Rue, Gambu, Ferret.
Mlles. Vernier, le Roi, Hidoux, de l'Aunai.

PROVENÇAUX.

Mrs. Malter, Durand, Allix, Balderoni.
Mlles. Mion, Dervieux, Audinot, Louiſon.

LA VÉNITIENNE, COMEDIE-BALLET.

ACTE PREMIER.

Le Théâtre représente des Jardins, & dans l'éloignement, la Place Saint Marc.

SCÊNE PREMIERE.

LÉONORE, seule.

TENDRES Plaisirs, charmants Amours,
Ah, que n'ai-je plûtôt senti votre puissance!
Deviés-vous dans l'indifference
Laisser coûler mes plus beaux jours?

Du-moins gardons-nous bien d'éteindre
Les feux que dans mon cœur l'Amour daigne allumer:
Au lieu de m'en laiſſer charmer,
Falloit-il perdre, helas! tant de tems à les craindre?

Tendres Plaiſirs, charmants Amours, &c.

SCÈNE II.

LÉONORE, ISABELLE, SPINETTE.

ISABELLE.

Quoi? vous me trahiſſés, ingrate Léonore!
De la tendre amitié vous brîſés tous les nœuds!
L'amant, qui m'aimoit, vous adore,
Et votre cœur reçoit ſes infideles vœux.

LÉONORE.

L'amitié n'a point à ſe plaindre:
Votre amant, ſous mes loix, ne ſauroit être heureux;
Et vous verrés bientôt mourir ſes nouveaux feux,
Si le mépris les peut éteindre.

ISABELLE.

Quoi! les jeux que l'ingrat vous offre chaque jour...

LÉONORE.

Lorſqu'il me les offrit j'ignorois ſon amour.

ISABELLE

ISABELLE.

Mais vous n'en doutés plus, & les souffrés encore :
La fête qu'il vous donne aujourd'hui marque bien....

LÉONORE.

Cessés d'accuser Léonore :
Pour calmer votre cœur, connoissés tout le mien.

C'est dans les premiers jeux que me fit voir Octave,
Que la paix sortit de mon cœur :
De l'Amour il devint l'esclave,
Un inconnu fut mon vainqueur.

Ses yeux furent les seules armes
Dont l'Amour se servit pour domter ma fierté :
D'un seul de ses regards mon cœur fut enchanté ;
Le masque me cacha le reste de ses charmes.

Il me parle à ces jeux, que vous me reprochés ;
Le bal même aujourd'hui me promet sa présence,
Et je me livre à l'esperance
D'y voir enfin ses traits, qu'il m'a toûjours cachés.

ISABELLE.

C'est assés ; mon amant n'a point touché votre âme,
Mes soupçons ne m'agitent plus.

LÉONORE.

Je vais encor, par de nouveaux refus,
Servir votre amour & ma flâme.

SCÈNE III.

ISABELLE, SPINETTE.

SPINETTE.

L'Amour répond à ses souhaits,
Son bonheur est extrême.

ISABELLE.

Juge si ses plaisirs peuvent être parfaits ;
Je suis cet inconnu qu'elle aime.

SPINETTE.

Que dites-vous ?

ISABELLE.

Lorsque de mon amant
Je vis l'inconstance fatale,
Je le suivis partout sous un déguisement
Qui m'a livré le cœur de ma rivale.

L'ingrat trouve en moi-même un obstacle à ses vœux.

SPINETTE.

Sa trahison pour vous en est moins rigoureuse.

ISABELLE.

L'infidele n'est point heureux ;
Mais en suis-je moins malheureuse ?

Non, l'Amour ne veut pas que l'on goûte à la fois
Le doux plaisir d'aimer & d'être aimée.

Tant que ses feux ne m'ont point enflâmée,
L'inconstant que je pleure a fléchi sous mes loix;
Mais l'ingrat m'a trahie aussitôt que charmée.
Non, l'Amour, &c.

Redoublons cependant nos soins,
Pour ramener l'ingrat sous mon empire :
Qu'ici de tous ses pas tes yeux soient les témoins;
Observe tout, pour m'en instruire.

SCÈNE IV.

SPINETTE, *seule.*

DE mille amants en vain nous recevons les vœux,
On les perd sans retour en terminant leurs peines;
Les perfides brîsent leurs nœuds,
Dès qu'ils ont formé notre chaîne

On ne soûpire long-tems
Que pour des beautés cruëlles :
Les peines font les cœurs constants,
Les plaisirs font les infideles.

Cachons-nous; observons Octave, que j'entends.

SCÊNE V.

OCTAVE, LÉONORE, SPINETTE, *cachée.*

OCTAVE ET LÉONORE, enſemble.

Octave.... NOn, ne redoutés plus l'Amour.
Léonore .. Non, ne me parlés plus d'amour.

OCTAVE.

Votre fierté s'accroît ſans-cêſſe.

LÉONORE.

Vos tranſports importuns redoublent chaque jour.

OCTAVE.

A votre tour cedés à ma tendreſſe.

LÉONORE.

Trïomphés-en à votre tour.

OCTAVE ET LÉONORE, enſemble.

Octave .. Non, ne redoutés plus l'Amour.
Léonore .. Non, ne me parlés plus d'amour.

LÉONORE.

Pourriés-vous oublïer les charmes d'Iſabelle?

OCTAVE.

Je vous vois mille attraits, plus brillants & plus doux.

LÉONORE.

Vous devés n'aimer qu'elle.

OCTAVE.

Je ne puis aimer que vous.

LÉNORE.

Après mille ſerments, ſeriés-vous infidele ?

OCTAVE.

Le jour que je vous vis je les oublïai tous.

LÉONORE.

Vous me verrés toûjours inſenſible & cruëlle.

OCTAVE.

Je vous aimerai, même avec votre couroux.

LÉONORE.

J'éteindrai vos ardeurs, par mon indifference.

OCTAVE.

Je vaincrai vos mépris, par ma perſéverance.

LÉONORE.

Cessés de m'aimer dès ce jour.

OCTAVE

Commencés d'aimer dès ce jour.
Non, ne redoutés plus l'Amour.

LÉONORE.

Non, ne me parlés plus d'amour.

OCTAVE ET *LÉONORE* *ensemble.*

Octave ... Non, ne redoutés plus l'Amour.
Léonore .. Non, ne me parlés plus d'amour.

(*On entend une simphonie.*)

LÉONORE.

D'où viennent ces concerts? quel spectacle s'apprête ?
Vous voulés perdre encor quelque nouvelle fête.

SCÈNE VI.

OCTAVE, ISABELLE, SPINETTE, *cachée*, *Troupe de* BARQUEROLLES, ZERBIN, *conduisant la fête.*

ZERBIN.

QUe pour Cithere,
Chacun vienne s'embarquer;
Pour être heureux, il faut risquer;
Quand on fait plaire,
Jamais le vent n'est contraire:
Jeunes cœurs, venés tous,
Il n'est point d'écueils pour vous.

(*Les Barquerolles forment le divertissement.*)

ZERBIN, *alternernativement avec* LE CHŒUR.

L'Amour nous presse,
Suivons-le sans-cesse,
Tout doit s'enflâmer.
Qu'envain le vent gronde
Qu'il souleve l'onde;
Pourquoi s'allarmer?

Amour, tu nous menes;
Nos craintes ſont vaines,
Tu ſais les calmer.

(Le divertiſſement).

ZERBIN, *à* **LÉONORE.**

Au plus aimable voyage
L'Amour veut vous engager;
Ce dieu commande à l'orage,
Vous voguerés ſans danger.

Il eſt cent douceurs qu'on goûte
Dans l'eſpoir d'un plus doux ſort;
Et les plaiſirs de la route
Valent preſque ceux du port.

Au plus aimable voyage, &c.

(On danſe.)

LE CHŒUR.

Donnés-nous des jours fortunés;
Regnés, tendres Zéphirs, regnés ſeuls ſur les ondes;
Que dans leurs cavernes profondes
Tous les vents orageux demeurent enchaînés.

(On danſe.)

SCÈNE VII.

OCTAVE, LÉONORE, ZERBIN, SPINETTE, *cachée.*

OCTAVE.

Quoi! toûjours de l'Amour voulés-vous vous
deffendre?
Vous voyés tous les cœurs charmés de ſes appas;
Tout vous prêſſe de vous rendre.

LÉONORE.

Mon cœur ne m'en prêſſe pas.

Ne tentés plus de nouvelles conquêtes,
Rendés-vous à l'objet dont vous futes épris:
Je ne puis vous donner que ce ſincere avis
Pour le prix de toutes vos fêtes!

SCÈNE VIII.

OCTAVE, ZERBIN, SPINETTE, *cachée.*

OCTAVE.

L'Ingrate !

ZERBIN.

Envain pour vous j'ordonne mille jeux,
Nous perdons tous nos soins.

OCTAVE.

Quel mépris rigoureux !
Suis-moi, Zerbin : je veux consulter Isménide,
Elle habite près de ces lieux ;
On dit que l'avenir est sans voile à ses yeux:
Sur le sort de ma flâme il faut qu'elle décide.
Viens.

SCÈNE IX.

SPINETTE, *seule.*

ALlons révéler le dessein du perfide :
Qu'il ne trouve de paix que dans ses premiers nœuds.

FIN DU PREMIER ACTE.

ACTE SECOND.

Le Théâtre représente un Antre, éclairé par une lampe.

SCÊNE PREMIERE.

OCTAVE, *déguisé en Valet*, ZERBIN, *déguisé en noble Vénitien.*

OCTAVE.

TES pas sont incertains, qui te fait chanceler?

ZERBIN.

Puis-je entrer ici sans trembler?

Pour braver les périls, où votre amour m'engage,
J'ai voulu de Bacchus emprunter le secours:

Dans ſa liqueur j'ai cherché du courage,
Mais je ſens bien que j'en manque toûjours.

OCTAVE.

C'eſt m'offenſer que de rien craindre :
Raſſûre-toi, Zerbin, & ſonge à te contraindre.

Il faut de nos Devins eſſayer le pouvoir ;
De ton déguiſement ſoûtiens bien l'apparence;
Par-là nous allons bientôt voir
Ce que je dois fonder d'eſpoir ſur leur puiſſance.

Je vais les avertir : demeure.

ZERBIN.

Quoi ! ſans vous?
Je ne puis.

OCTAVE.

Obéis, ſi tu crains mon couroux.

SCÊNE II.

ZERBIN, *seul.*

CIel ! il me laîsse, il m'abandonne!
Que je vais payer cher ses nouvelles amours!...
Où suis-je, malheureux ? je tremble, je frissonne!
Quoi, Bacchus, ai-je envain imploré ton secours ?
Ne saurois-tu bannir le trouble qui m'étonne ?

Quels funestes objèts s'offrent à mes regards ?
Je crois voir s'élever mille spectres terribles;
Des monstres, sous mes pas, naîssent de toutes parts...
Quel bruit affreux! quels cris! quel hurlements horribles!

Fuyons... mais par où m'échapper?
La frayeur, pour sortir, me cache le pâssage.
Ciel! quelle main m'arrête ? & quelle affreuse image!
Quel géant furieux est prêt à me frapper ?

Lâche, tu ne vois rien; rougis de tes allarmes.
Bacchus, viens dissiper les erreurs de mes sens;
Ne m'as-tu donc prêté que d'impuissantes armes?
Ah! je te reconnois au calme que je sens.

Livrons-nous au ſommeil, où ce dieu nous convie,
Enchantons mes frayeurs ſous ſes charmants pavôts.
Que le ſort des mortels eſt peu digne d'envie!
Les plus doux plaiſirs de la vie,
Sont de n'en point ſentir les maux.

(*Il s'endort.*)

SCÈNE III.

ISABELLE, ZERBIN, *endormi.*

ISABELLE.

J'Ai ſu que mon amant doit ſe rendre en ces lieux,
Mon dépit m'engage à l'y ſuivre;
Je brûle de punir ſon amour odïeux.
Mais que vois-je? c'eſt lui que le ſomeil me livre.

Tu peux dormir, ingrat, & tu trahis mes feux!
Le repos entre-t-il dans le cœur d'un perfide?
Ah! vengeons-nous, vengeons le mépris de nos vœux;
L'amour gémit envain, la colere décide.

Regnés, haîne, fureur; trïomphés aujourd'hui;
Non, non, ne ſouffrés pas que mon cœur s'attendriſſe.
L'ingrat ne m'aimeplus; qu'il meure, qu'il périſſe!
Et, ſi je l'aime encor, périſſons après lui.

Regnés, haîne, fureur; trïomphés aujourd'hui.

(Elle va pour lui ôter ſon poignard & l'en frapper.)

ZERBIN, ſe réveillant.

Ah!

ISABELLE.

Quelle eſt cette voix!

ZERBIN.

O diſgrace cruëlle!
Que vois-je? que croirai-je! êtes-vous Iſabelle?

Ou ne ſeriés-vous point plûtôt quelque démon
Qui, ſous les traits de cette belle,
Vient effrayer mes ſens & troubler ma raiſon ?

ISABELLE.

Qu'entends-je ? ce n'eſt point Octave !
Sous ce déguiſement, qui te peut amener ?
Parle.

ZERBIN.

L'Amour, dont mon maître eſt l'eſclave,
Eſt l'unique raiſon que j'aie à vous donner,
Mais, ciel ! eſt-ce bien vous ? ma frayeur ſe redouble.
Vous me voyés tout interdit :
Ah ! ſi vous êtes un eſprit,
Diſparoiſſés, de grâce, & diſſipés mon trouble.

ISABELLE, lui touchant l'épaule.

Tout eſprit que je ſuis, n'en conçois point de peur.

ZERBIN, fuyant.

Je ſuis mort !

ISABELLE.

Je ne veux que punir un perfide.
Que fait ton maître ?

ZERBIN.

Hélas ! il conſulte Iſménide,
Pour apprendre le ſort de ſa nouvelle ardeur.

ISABELLE.

ISABELLE.

Ciel !

ZERBIN, *tremblant.*

De ſon changement l'injuſtice eſt extrême ;
J'ai, cent fois, condamné ſes volages amours ;
Je lui vante Iſabelle & je la ſers toûjours
Comme ſi c'étoit pour moi-même.

ISABELLE, *à part.*

On vient. Je veux les écouter :
Leur diſcours m'apprendra ce que je dois tenter.

SCÈNE IV.

OCTAVE, ISMÉNIDE, *Devineresse*, ZERBIN, *Troupes de* DEVINS *& de* DEVINERESSES.

ISABELLE, les observant sans être vue.

OCTAVE.

Vous, pour qui l'avenir n'a rien d'impénétrable,
Qui des plus sombres cœurs percés tous les détours;
Vous savés qui de nous cherche votre secours:
Sur l'ennui secret qui l'accâble,
Prononcés-lui du sort l'arrêt irrévocable.

ISMÉNIDE.

Vous croyés me surprendre, en me cachant vos vœux.

OCTAVE.

Votre art découvre tout; c'est à nous de nous taire.

ISMÉNIDE, à part.

N'importe, malgré leur mistere,
En les intimidant, tâchons à juger d'eux.

(Elle observe leurs mouvements.

Les démons à ma voix vont paroître en ces lieux ;
Pourrés-vous soûtenir leur terrible présence ?

OCTAVE.

Parlés, je ne crains rien.

ZERBIN.

Moi, je crains tout : o Dieux !

OCTAVE.

Présentés, s'il le faut, tout l'enfer à nos yeux,
Et répondés à son impatïence.

ISMÉNIDE.

Je pénetre au fond de vos cœurs.
Envain vous vous cachés sous ces dehors trompeurs ;
Je ne saurois vous méconnoître.

(*à Octave.*)

Vous me cherchés, vous seul, & vous êtes son maître.

OCTAVE.

Vous savés quel dessein en ce lieu me conduit ?

ISMÉNIDE, embarrassée.

Souvent... l'Amour...

ZERBIN.

Ciel ! quel démon l'instruit ?

ISMÉNIDE.

L'Amour vous fait ſentir ſes plus rudes atteintes.

ZERBIN.

Chaque mot redouble mes craintes.

OCTAVE.

Apprenés-moi quel ſort il réſerve à mes feux.

ISMÉNIDE.

Laiſſés-nous célébrer nos miſteres affreux.

De mes enchantements, Miniſtres redoutables,
O vous, qui vivés ſous mes loix,
Faites tout retentir de vos cris effroyables ;
Contraignés le Deſtin de répondre à ma voix.

LE CHŒUR.

Que tout tremble, que tout frémiſſe !
Que de nos voix tout retentiſſe.
Contraignons le Deſtin de répondre à nos voix.

(*les Devins font leurs cérémonies magiques.*)

ISMÉNIDE.

Noir Souverain des ténébreux abîmes,
Du deſtin à nos yeux dévoile les ſecrèts :
Pour prix de tes bienfairs,
Puiſſe par-tout la mort t'immoler des victimes !

Que la guerre en cent lieux répande la terreur;
Que la rage cruëlle empoisonne ses armes;
Que les cris, le sang & les larmes
Signalent par-tout sa fureur.

LE CHŒUR.

Que la guerre, &c.

ZERBIN.

Ne suis-je pas déja dans les sombres Royaumes?
J'ai beau fermer les yeux, je vois mille fantômes.

ISMÉNIDE.

Que ces flambeaux éteints laissent regner la nuit;
Cette sombre luëur nuit encore à mes charmes.

(*à* Octave.)

Bien-tôt, pour prix de vos allarmes,
De votre sort vous allés être instruit.

(*On éteint la lampe qui éclairoit l'Antre.*)

ISABELLE, à part, dans le fond.

Avançons: la clarté ne me fait plus d'obstacle;
Profitons de la nuit & prononçons l'oracle.

Tremble, Octave, écoute ma voix.

ISMÉNIDE & tous les autres ACTEURS, *effrayés.*

Ciel, o ciel! je frémis.

ISABELLE.

Gardés tous le silence.

ISMÉNIDE & LE CHŒUR.

Quelle surprise! o Dieux! quelle puissance
Vient ici nous donner des loix?

ISABELLE.

Obéissés, ou craignés ma vengeance.
(*à* OCTAVE.)
Perfide! roms tes nouveaux fers:
Je tiens le fer levé sur ton cœur infidele;
Cette nuit, avec moi, je t'entraîne aux enfers,
Si ce jour ne te voit sous les loix d'Isabelle.

ISMÉNIDE & LE CHŒUR.

Quelle horreur! quel prodige! o Dieux!
Fuyons, fuyons de ces funestes lieux.

(*Ils sortent tous.*)

ISABELLE, seule.

Toi, qui m'as inspirée, acheve ton ouvrage,
Amour! c'est à toi seul de me rendre un volage.

FIN DU SECOND ACTE.

ACTE TROISIEME.

Le Théâtre repréſente un Sallon, préparé pour un bal.

SCÈNE PREMIERE.

LÉONORE, *ſeule.*

QUAND je revois l'objet de mes amours,
Le tems s'enfuit d'une vîteſſe extrême;
Mais, hélas ! il ſuſpend ſon cours,
Quand je ne vois plus ce que j'aime.

O Tems ! ſervés mieux nos deſirs;
Réparés de l'Amour les rigueurs inhumaines;

Arrêtés-vous, pour fixer ses plaisirs;
Volés, pour abréger ses peines.

SCÈNE II.

LÉONORE, OCTAVE.

OCTAVE.

Vous rêviés seule en ce séjour;
La solitude invite à l'amoureuse flâme:
Ne craignés-vous point que l'Amour
Ne prenne ces moments pour surprendre votre âme?

LÉONORE.

L'Amour coûte trop de soûpirs.
On se plaint, on languit dans ses plus douces chaînes;
Il n'est jamais sans desirs,
Et les desirs sont des peines.

OCTAVE.

Sans lui rien ne peut nous charmer;
L'Amour seul peut nous satisfaire.
Le plus doux plaisir est d'aimer,
Et le plus sensible est de plaire.

ISABELLE.

(*Isabelle, masquée, paroît avec une troupe de Masques.*)

LÉONORE, *à part.*

L'objet qui m'a charmé vient de frapper mes yeux,
Éloignons un moment son rival de ces lieux.
(*à Octave.*)
Octave, allés vous-même avertir Isabelle.

OCTAVE.

Eh ! pourquoi voulés-vous qu'elle soit de ces jeux?

LÉONORE.

Allés, vous dis-je, je le veux ;
Et ne revenés pas sans elle.

OCTAVE, à part.

Quels soupçons viennent m'agiter !
Demeurons, & sachons s'il s'y faut arrêter.

SCENE III.

ISABELLE, *masquée & déguisée en Vénitien,*
LÉONORE, OCTAVE, *caché.*

ISABELLE.

JE vous revois enfin, aimable Léonore.
Que de nouveaux attraits! que mes yeux sont charmés!

LÉONORE.

Hélas ! vous m'assûrés toûjours que vous m'aimés,
Et je n'ai pu vous voir encore.

ISABELLE.

Je perdrois votre cœur, pour contenter vos yeux ;
Vous m'en aimeriés moins, si vous me voyiés mieux.

LÉONORE.

Que dites-vous, ingrat ? ces injustes allarmes
Vous obligent à vous cacher ?

ISABELLE.

J'aurois en vain les plus aimables charmes,
Ils pourroient ne vous pas toucher.
C'est par ma seule ardeur que je prétends vous plaire.

LÉONORE.

Vos refus ne font voir qu'une ardeur bien legere.

ISABELLE.

Mon cœur brûle de mille feux,
La constance & l'amour y triomphent ensemble.
Non, dans tout l'empire amoureux,
Vous ne trouverés point d'amant qui me ressemble.
Mais si mon cœur est tendre, il n'est pas moins jaloux :

Je crains qu'Octave un jour ne vous fléchisse;
Il vous rend mille soins...

LEONORE.

Je les méprise tous.

ISABELLE.

N'importe, son amour m'est un cruël suplice.

Ah! cachés à ses yeux les beautés que je voi;
Éteignés son amour, pour bannir mes allarmes:
Moins il vous trouvera de charmes,
Et plus vous en aurés pour moi.

LÉONORE.

N'êtes-vous pas le seul de qui l'ardeur m'enchante?
Tout autre amour m'est odïeux.
Je voudrois être encor mille fois plus charmante;
Mais je voudrois ne l'être qu'à vos yeux.

ENSEMBLE.

Suivons l'Amour, qui nous appelle;
Qu'il enchaîne nos cœurs de ses nœuds les plus beaux:
Que notre ardeur soit éternelle;
Et nos plaisirs toûjours nouveaux.

OCTAVE.

(*à part.*)

Ah! c'en est trop, je cede à cette offense.

(*à Léonore.*)

Inhumaine, quel prix reçois-je de mes vœux?
C'eſt donc là cette indifference
Que vous oppôſiés à mes feux!
Malheureux! quelle erreur avoit ſéduit mon âme?
Je prèſſois votre cœur de ſe laiſſer charmer,
Tandis que le cruël, qui dédaigne ma flâme,
Ne ſavoit que trop bien aimer.

ISABELLE.

Calmés le tranſport qui vous guide:
Peut-être qu'Iſabelle eſt cachée en ces lieux:
Ne rougiriés-vous point de montrer à ſes yeux
Ce déſeſpoir perfide?

OCTAVE.

Quoi, tu m'ôſes braver!.. Craîns l'amour en couroux.

LÉONORE.

Cruël! à quels tranſports vous abandonnés-vous?

OCTAVE.

Ingrate, c'eſt lui ſeul qui cauſe vos allarmes;
C'eſt pour lui que coûlent ces larmes.

Ah, vengeons-nous, brîsons un funeste lien!
De son sang odieux voyés rougir mes armes,
Et pleurés son trépas, ou jouïssés du mien.

(*Isabelle, ôtant son masque d'une main, & de l'autre tirant son poignard.*

Connois-moi donc, perfide! & frappe, si tu l'ôses.

LÉONORE & OCTAVE.

Que vois-je?

LÉONORE.

Amour! à quels maux tu m'expôses?

(*Elle sort.*)

SCÈNE IV.

OCTAVE, ISABELLE.

ISABELLE.

Qui te retient, ingrat? suis ton ressentiment;
Sois mon vainqueur, ou ma victime;
Que l'un de nous périsse en ce moment:
Perfide! viens combler ton crime,
Ou recevoir ton châtiment.

OCTAVE.

Je ne puis revenir de mon étonnement.

ISABELLE.

J'ai touché l'objet qui t'enchante,
Sous ce déguiſement, j'ai traverſé tes vœux;
Mais je ſens, malgré moi, ma colere mourante;
Cèſſe de m'offenſer, reprends tes premiers nœuds:
Ne vois en moi qu'une fidele amante;
N'y vois plus de rival heureux.

Laîſſe-toi vaincre à ma conſtance;
Laîſſe à mes tendres feux rallumer ton ardeur:
Mes larmes, mes ſoûpirs ſont toute ma vengeance.
Vois l'amour dans mes yeux redemander ton cœur.

OCTAVE.

Tant d'amour touche enfin mon âme;
Plus charmé que jamais, je tombe à vos genoux:
Accordés le pardon d'une infidele flâme
A celle que mon cœur ſent renaître pour vous.

(*On entend le prelude de la fête.*)

ISABELLE.

On vient. Que cette fête aura d'attraits pour moi!
Je lui dois le bonheur de vous voir ſous ma loi.

SCÊNE DERNIERE.

OCTAVE, ISABELLE, ZERBIN, SPINETTE, *Troupe de* MASQUES *qui entrent en danſant.*

LE CHŒUR.

LOin de nos jeux, importune ſageſſe,
Ne troublés point un ſi beau jour;
Accourés, aimable jeuneſſe,
Amenés les Ris, & l'Amour.

(*On danſe.*)

ISABELLE.

D'un infidele enfin, j'ai rallumé la flâme;
Et jamais le bonheur de regner dans ſon âme
N'avoit tant flaté mes deſirs.
Amour! s'il eût été plus conſtant dans mes chaînes,
J'ignorerois encor tes plus cruëlles peines;
Mais mon cœur n'auroit pas goûté tous tes plaiſirs.

(*On danſe.*)

ZERBIN.

Le Dieu malin, qui regne dans Cithere,
S'amuſe quelques fois aux dépens de nos cœurs:
Souvent ſa main, vive & légere,
Lance des traits, qui nous coûtent des pleurs.

Mais lorsque d'une ardeur sincere
Il se plaît à nous enflâmer,
Pour voler sur nos pas, les Jeux quittent sa mere;
Un jour pur brille & nous éclaire,
Et le premier des biens est le plaisir d'aimer.

(*On danse.*)

OCTAVE.

Amour! couronne ta victoire,
Fixe pour-jamais mes desirs:
En veillant à nos plaisirs,
Tu veilleras à ta gloire.

Quand ta main, charmant vainqueur,
Vient rallumer dans mon âme
L'ardeur de ma premiere flâme,
Elle me rend tout mon bonheur.

Amour! &c.

FIN.

APPROBATION.

J'Ai lu, par ordre de Monseigneur le Vice-Chancelier, une Nouvelle Édition de la *VE'NITIENNE*, & n'y ai rien trouvé qui ne doive en favoriser l'impression. A Paris ce 25 Mars 1768.

DEMONCRIF.

www.ingramcontent.com/pod-product-compliance
Lightning Source LLC
LaVergne TN
LVHW020629110826
845149LV00004B/1105
9782011875228